Grundschule

Gabriela Rosenwald

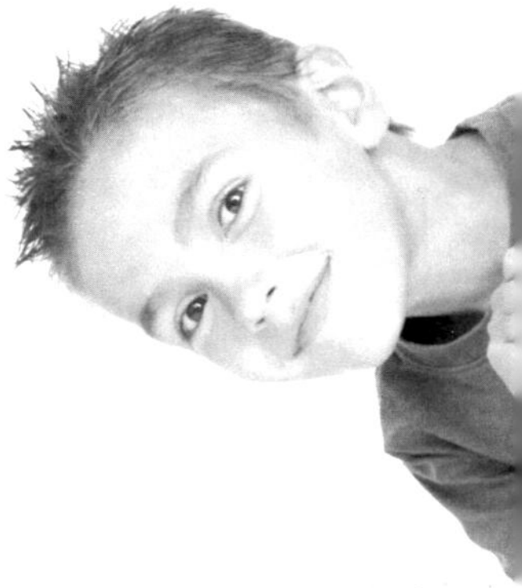

Erforsche Getreidearten

Ab Klasse 1

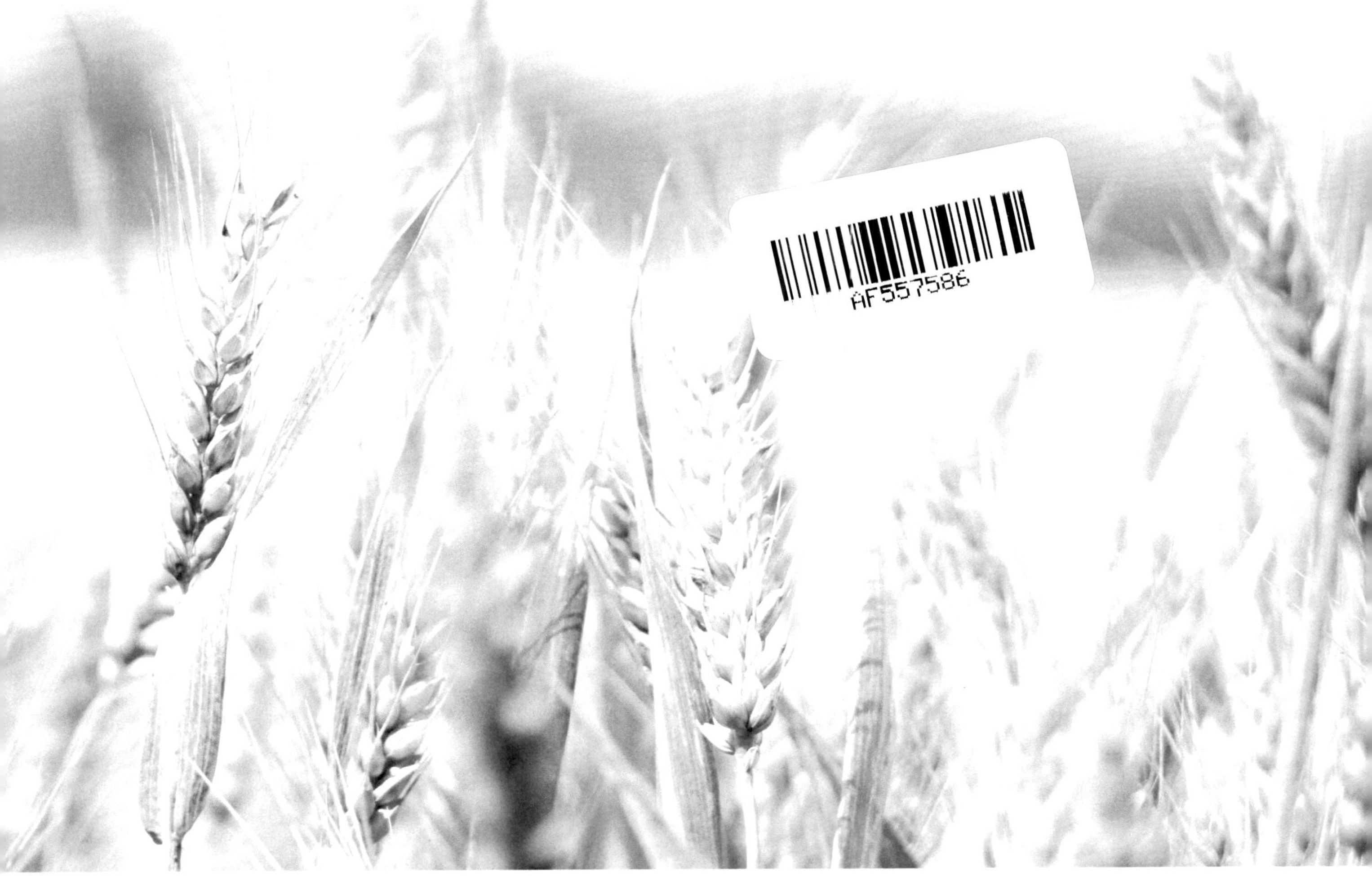

Anbau, Ernte und Nutzung von Weizen, Roggen, Gerste, Hafer, Mais und Reis

Erforsche ... Getreide

Sachunterricht Grundschule

3. Auflage 2025

Inhalt: Gabriela Rosenwald
Umschlagbilder: © Kirahoffmann, vika_k & Serhiy Kobyakov - AdobeStock.com
Redaktion: Kohl-Verlag
Grafik & Satz: Eva-Maria Noack / Kohl-Verlag
Druck: farbo prepress GmbH, Köln

Bestell-Nr. 12 477

ISBN: 978-3-96624-173-1

Bildquellen © AdobeStock.com:

S. 4: malosdedos; **S. 5**: Sergio J Lievano; **S. 6**: Regormark, dimdimich, freshidea, Frank, ecco; **S. 7**: Mara Zemgaliete (2x), tatiana_davidova (8x), H. Bauer, Timmary, Uros Petrovic, euthymia, agaes8080, cachecache, Pixel-Shot, Morozov Alexey, blueringmedia, dracozlat, Lady-Luck, womue, Happypictures, Roman Samokhin, Moving Moment, helen_f; **S. 8**: Valerii Zan, Frank, CKYS Co., Ltd., Xavier, LianeM, sbp321, kovaleva_k, volkerladwig, malosdedos; **S. 9**: wanda; **S. 10**: New Africa; **S. 11**: Bezvershenko; **S. 12**: Regormark, dimdimich, freshidea, Frank, tpupyku, ilyakalinin; **S. 13**: Regormark, Stepan Popov, Natallia; **S. 14**: Africa Studio, New Africa; **S. 15**: himself100, Pixel-Shot; **S. 16**: dimdimich, RRF, Marén Wischnewski, oxie99; **S. 17**: Ruckszio; **S. 18**: domnitsky, Alexander, Heike Rau; **S. 19**: dijital_kalem, shashamaru; **S. 20**: Timmary, Mria Brzostoska, New Africa, Grach; **S. 21**: Okea, Moving Moment; **S. 22**: LoopAll, mat, Bezvershenko; **S. 23**: Alisa, 平野うに; **S. 24**: viperagp, nortongo, sveta, airdone; **S. 25**: phongphiphat, setthaphat, Phuong, webartworks.de; **S. 26**: ilyakalinin, Mr.Forever; **S. 27**: sunlight789; **S. 28**: Bezvershenko, Andrey Kokidko, Matthias Enter, anggar3ind, incomible, Kazakova Maryia; **S. 29**: ruskpp (3x), Hennadii (3x), Igor Zakowski, ledukol.ua, Reobu_s, Jiripravda, Zdenk; **S. 30**: Wolfgang Jargstorff, Image´in (2x), karepa; **S. 31**: nem4a, Nadzin, Moriz, Sergio J Lievano, patrimonio designs, Zdenk, Marina, sudowoodo, Winne; **S. 32**: artinspiring; **S. 33**: Elena Schweitzer, ssstocker, galilo3980 (bearb.), kikisora, emuck, chandlervid85, Xavier, zgurski1980, nito, womue; **S. 34**: Andrii Salivon, bepsphoto, evgenia sh, malosdedos; **S. 35**: oxilixo, Zdenk, patrimonio designs, tatiana davidova, Winne, freshidea; **S. 36**: macrovector, Schlierner (2x), domniztky, Afanasia, doom.ko (bearb.); **S. 37**: Liaurinko, cirodelia; **S. 38**: victorbrave; **S. 39**: emuck, Ro, g-konzept.de, grafnata, domnitzky, womue, photocrew, Africa Studio, Ser photo, Schlierner; **S. 40**: Tada, orestligetka, macrovector, Susanne, Barbara Pheby, VILevy, ilyakalinin, Beboy; **S. 41**: zhang yongxin, dariaustiogova, ArtemSam, sababa66, wavebreak3, Destina, thea07, anggar3ind, Sergio J Lievano; **S. 42**: thea07, Moriz, Zdenk, boyanakoynova, 12345_82 (bearb.), Marina, sudowoodo, virinaflora, freehand; **S. 43**: LianeM., Xavier, sbp321, Frank, SKYS Co. Ltd., kovaleva_ka, Valerii Zan, Okea, IrisArt, alexsol, Igor Zakowski, Jiripravda, 4th Life Photography, freshidea, womue, Ruckszio, New Africa; **S. 44**:Mara Zemgaliete (2x), tatiana_davidova (8x), H. Bauer, Timmary, Uros Petrovic, euthymia, agaes8080, cachecache, Pixel-Shot, Morozov Alexey, blueringmedia, dracozlat, Lady-Luck, womue, Happypictures, Roman Samokhin, Moving Moment, helen_f, wanda; **S. 45**: Bezvershenko; **S. 46**: Alisa; **S. 47**: Nadzin, Moriz, Sergio J Lievano, patrimonio designs, Zdenk, Marina, sudowoodo, Winne; **S. 48**: artinspiring, oxilixo, Zdenk, patrimonio designs, tatiana davidova, Winne, freshidea

Bildquelllen wikimedia.org:

S. 10; **S. 30**: Andrew Smith, Miquel Pujol Palol; **S. 39**: Ludwigs Unbürger; **S. 40**: Sol Octobris; **S. 42**: ruck Fotografie; **S. 43**

Kontakt: Kohl-Verlag, An der Brennerei 37-45, 50170 Kerpen
Tel: +49 2275 331610, Mail: info@kohlverlag.de

Inhalt

Erforsche GETREIDE
Sachunterricht Grundschule – Bestell-Nr. 12 477
KOHL VERLAG

Inhalt

Vorwort

Liebe Leserinnen und Leser,

nicht nur Brot besteht aus Getreide. Nudeln, Reis und auch Pizza, Cornflakes und Burger sind vom Speiseplan unserer Kinder nicht mehr wegzudenken. So sollten die Schüler* auch wissen, wie unsere Nahrungsmittel entstehen und aus was sie bestehen.
Das Heft bietet Ihnen zahlreiche, vollständig ausgearbeitete Angebote. Diese können ohne großen Material- und Zeitaufwand direkt in die Praxis umgesetzt werden. Es gibt viele Mal-, Spiel- und Bastelaufgaben schon für unsere jüngsten Schüler. Die Texte sind einfach gehalten und können für Schüler der ersten Jahrgangsstufe auch vorgelesen werden.
Die Steckbriefe der Getreidearten können mit Rand ausgeschnitten und als kleines Büchlein zusammengeheftet werden. Jeder Schüler kann noch ein buntes Deckblatt erstellen.
Das Getreidequartett lässt sich laminiert immer wieder verwenden. Jede Karte bietet auch ein Thema, was von den Schülern als kleines Referat ausgearbeitet werden kann.

Viel Freude und Erfolg mit diesen Seiten wünschen Ihnen der Kohl-Verlag und

Gabriela Rosenwald

** Aufgrund der besseren Lesbarkeit wird im Folgenden die männliche Form Schüler bzw. Lehrer verwendet. Gemeint sind damit selbstverständlich auch die weiblichen Personen.*

Arbeitspass

Name: ______________________________ Klasse: __________

Seite	Thema	begonnen	erledigt

Erforsche GETREIDE
Sachunterricht Grundschule – Bestell-Nr. 12 477
KOHL VERLAG

1 Getreide kennenlernen

Getreide, das bei uns wächst

Bei uns wachsen Weizen, Roggen, Gerste und Hafer. Die vier Getreide gehören zu unserer Nahrung. Es gibt auch große Maisfelder, aber der Mais wird meist zu Viehfutter verarbeitet Die „Blüten" der Getreide nennt man Ähren oder Rispen.

Weizen hat dicke Ähren und keine oder ganz kurze Grannen (Haare).	**Roggen** hat schlanke Ähren und mittellange Grannen (Haare).	**Gerste** hat Ähren mit sehr langen Grannen (Haaren).	**Hafer** hat keine Ähren, sondern Rispen ohne Grannen.

EA

Aufgabe 1: a. *Getreide kann man zu Mehl mahlen. Doch was kann man noch daraus machen? Schreibe es auf.*

Weizen	
Roggen	
Gerste	
Hafer	

b. *Lies den Text oben und schreibe die richtigen Namen unter die Bilder.*

______ ______ ______ ______

Erforsche GETREIDE

1 Getreide kennenlernen

Wo finden wir Getreide?

EA

Aufgabe 2: In vielen Lebensmitteln findet sich Getreide. Male einen grünen Kreis um alle Dinge, die Getreide enthalten. Denke dabei an Weizen, Hafer, Roggen, Gerste, Mais und Reis!

Erforsche GETREIDE
Sachunterricht Grundschule – Bestell-Nr. 12 477
KOHL VERLAG

1 Getreide kennenlernen

Die Getreidearten

Der Halm

Der Halm eines Getreides ist hohl. Knoten unterteilen den langen Stängel in mehrere Teilstücke. Durch starken Wind und Regen kann es passieren, dass das Getreide umfällt. Doch dank der Knoten ist das Getreide nicht abgeknickt. An den Knoten richtet sich der Halm wieder auf.

Der Blütenstand

Beim Getreide kommen Ähren, Rispen und Kolben als Blütenstände vor. Bei Gerste, Hafer und Reis sind die Körner mit festen Hüllen, den Spelzen, umgeben.

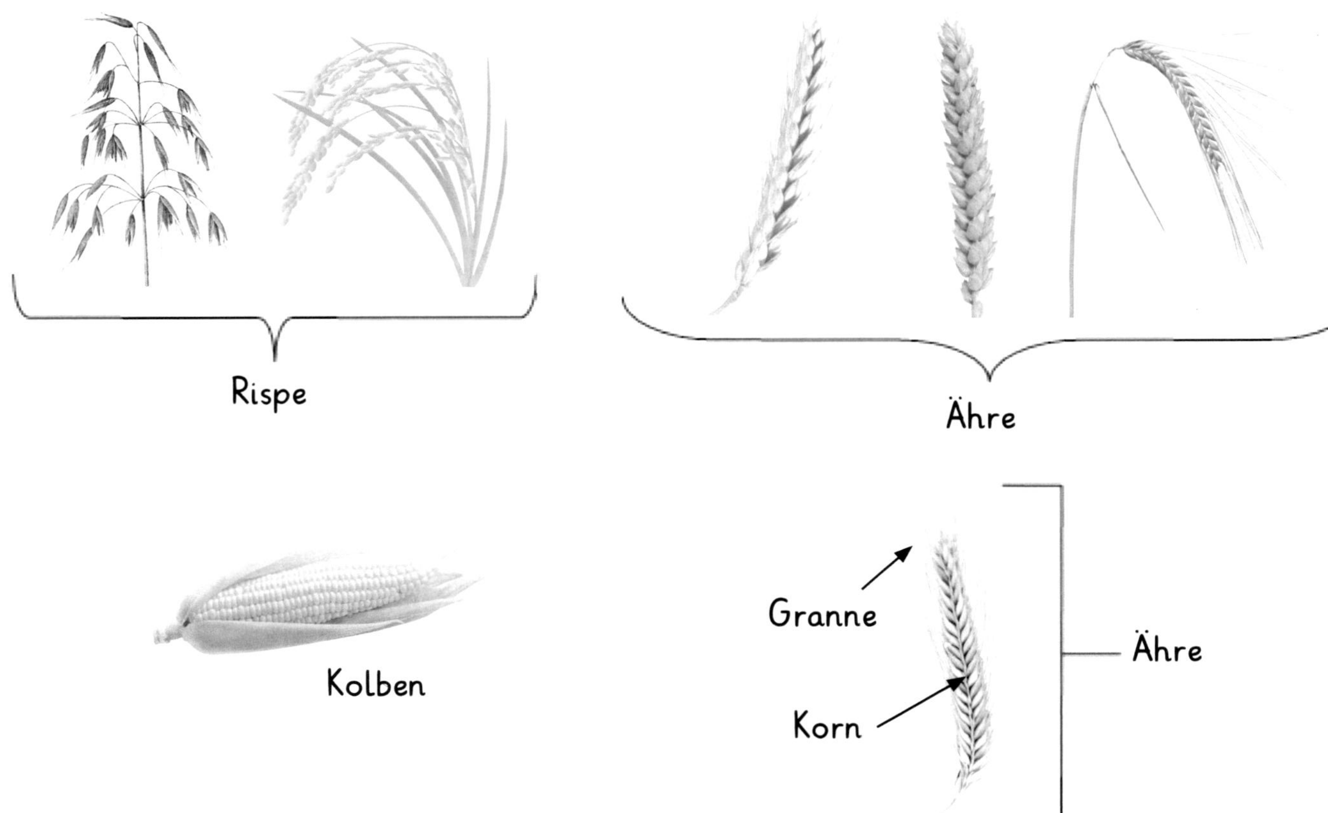

EA

Aufgabe 3: *Verbinde die Getreide mit den richtigen Blütenständen!*

Mais		Ähre
Gerste		Kolben
Hafer		Ähre
Roggen		Rispe
Weizen		Ähre
Reis		Rispe

Erforsche GETREIDE

Die Getreidepflanze

EA

Aufgabe 4: *Beschrifte die Teile des Getreidehalmes richtig!*

Wurzel • Blätter • Ähre • Stängel • Körner • Grannen • Knoten

Erforsche GETREIDE Sachunterricht Grundschule – Bestell-Nr. 12 477
KOHL VERLAG

1 Getreide kennenlernen

Das Getreidekorn: Aufbau und Inhaltsstoffe

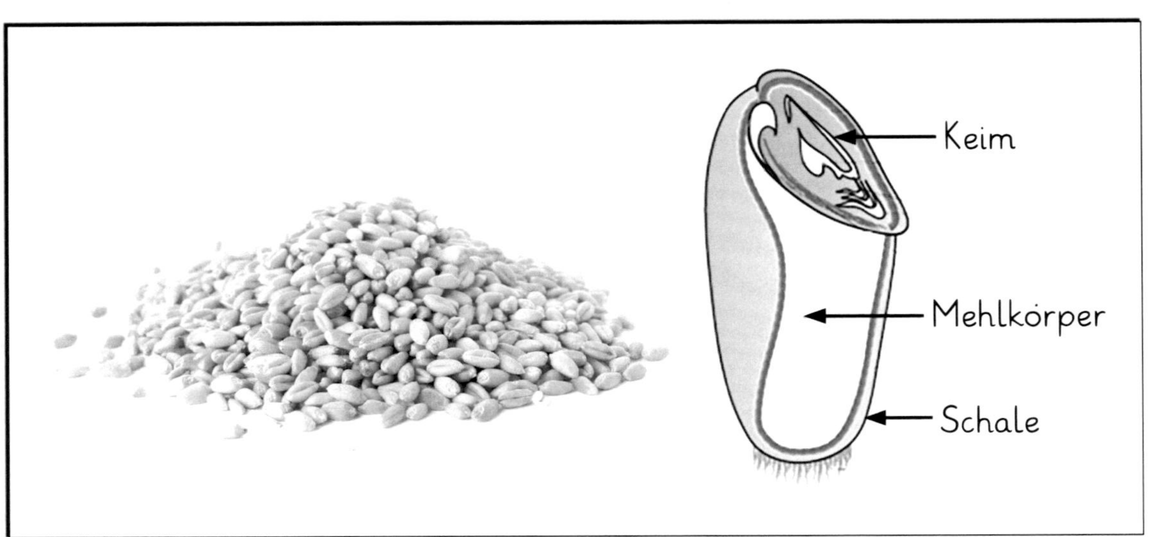

Aus dem **Keimling** entwickelt sich die junge Getreidepflanze. Der Keimling wird bei der Reinigung des Getreides in der Müllerei meist ausgeschieden, da er viel Fett enthält und deshalb ranzig werden könnte. Dabei enthält er wichtige Stoffe wie Eiweiß, Mineralstoffe, Vitamine und eben Fett.

Die **Getreideschale** unterteilt sich in Frucht- und Samenschale. Sie umhüllt und schützt den Keim. Beim Mahlen wird die Schale vom Mehlkörper getrennt; sie kommt als Kleie in den Handel. Die Schale besteht zu Hälfte aus Ballast-Stoffen, enthält aber auch Vitamine, Eiweiß und Mineralstoffe.

Der **Mehlkörper** besteht zum größten Teil aus Stärke und einem Eiweißstoff (Gluten oder Kleber genannt), das zwischen den einzelnen Stärkekörnchen lose verteilt ist. Der Kleber hat die Aufgabe, bei der Teigherstellung Mehl und Wasser zu binden.

EA

Aufgabe 5: *Schreibe auf, was die Teile des Getreidekorns enthalten:*

der Keimling ______________________________

____

die Schale ______________________________

____

der Mehlkörper ______________________________

____

Getreide Wimmelbild

EA

Aufgabe 6: *Wie oft findest du die verschiedenen Getreidearten?*

Weizen	Roggen	Hafer	Gerste	Reis	Mais

KOHL VERLAG Erforsche GETREIDE Sachunterricht Grundschule – Bestell-Nr. 12 477

Rätsel zum Getreide

EA

Aufgabe 7: Ordne die Buchstaben. Schreibe die Namen der Getreidearten und die Buchstaben unter die Bilder. Du erhältst ein Lösungswort.

I
E W I E
N Z
Name: ____________

S E R T
G E
E
Name: ____________

F
S I A M
Name: ____________

F E H R A
E
Name: ____________

N
E R I S
Name: ____________

N O G
R E G
R
Name: ____________

Name: ____________
Buchstabe: ______

Name: ____________
Buchstabe: ______

Name: ____________
Buchstabe: ______

Name: ____________
Buchstabe: ______

Name: ____________
Buchstabe: ______

Name: ____________
Buchstabe: ______

2 Die Getreidearten

Weizen

Herkunft und Anbau:
Ursprünglich stammt der Weizen aus dem Orient. Er wurde schon vor vielen tausend Jahren angebaut und ist nach der Hirse das älteste Getreide der Menschheit. Weizen ist heute das wichtigste Getreide in Europa. Weichweizen wird vor allem in Nordamerika und Europa angebaut. Hartweizen wird rund ums Mittelmeer angebaut.

Arten:
Weizen wurde aus den Wildpflanzen Emmer, Einkorn und Dinkel gezüchtet. Man unterscheidet zwischen Hartweizen und Weichweizen.

Aussehen:
Weizen erkennt man an den aufrecht stehenden Ähren. Er hat eine dichte, fast viereckige Ähre. Auf jeder „Etage" wachsen bis zu 4 Körner, die leicht rot gefärbt sind. Die Ähren haben keine oder nur kurze Grannen. Der Weizenhalm ist rund.

Saat und Ernte:
Weizen braucht gute Erde, passendes Klima und genügend Wasser. Gesät wird Winterweizen zwischen September und Dezember. Die Pflanzen überwintern dann und treiben im nächsten Frühjahr aus. Weizen wird Mitte bis Ende Juli geerntet.

Verwendung:
Mehl aus Weizen ist hell und wird vorwiegend für Brot und Brötchen, Kuchen, Nudeln und als Grieß verwendet.
Die wertvollen Mineralstoffe befinden sich in den Randschichten. Weichweizen dient vor allem der Herstellung von Brot und Backwaren, Stärke und Malz. Aus Hartweizen werden Nudeln und Pasta sowie Bulgur und Couscous hergestellt. Mit Weizen kann man gut backen, weil er Gluten, ein Klebereiweiß, enthält.

EA

Aufgabe 1:

a. *Zu welcher Jahreszeit wird Winterweizen in Deutschland gesät?*

b. *Aus welchem Gebiet stammt Weizen ursprünglich?*

c. *Für die Herstellung welcher Lebensmittel nutzt man Weichweizen?*

d. *Wozu braucht man lieber Hartweizen?*

Erforsche GETREIDE
Sachunterricht Grundschule – Bestell-Nr. 12 477
KOHL VERLAG

Mehlsorten – Was steht auf der Tüte?

Der Mehltyp ist eine Mengenangabe für den Mineralstoffgehalt im Mehl. Er sagt, wie viel Milligramm Mineralstoffe in 100 g Mehl vorkommen. Um den Mineralstoffgehalt zu ermitteln, wird das Mehl verbrannt. Die zurückbleibende Asche besteht nur noch aus Mineralien. Bei 100 g Weißmehl der Type 405 bleiben ca. 0,405 g Asche bzw. Mineralien zurück.

Die Mineralstoffe sind hauptsächlich in der Kleie, also den Schalenrückständen der Getreidekörner enthalten. Es gilt: Je niedriger die Mehltypzahl ist, desto mineralstoffärmer und heller ist das Mehl.

Für Weizenmehl gilt:

- Die Type 405 ist Haushalts- bzw. Kuchenmehl mit guten Backeigenschaften.
- Die Type 550 ist für helle Brotsorten, Brötchen und Kleingebäck mit viel goldbrauner Kruste.
- Die Type 1050 ist dunkler. Aus dieser „mittleren Mehltype" werden Mischbrote hergestellt.
- Typ 1700 ist Weizenbackschrot, also schon fast Vollkornmehl.
- Vollkornmehl wird fein vermahlen, enthält aber sämtliche Bestandteile des Korns.
- Vollkornschrot ist grob zerkleinert.

EA

Aufgabe 2:

a. *Unser Körper braucht Mineralstoffe. Welches Mehl ist am besten für unsere Ernährung? Erkläre!*

____

____

____

b. *Bringt verschiedene Mehlsorten mit! Verteilt sie auf kleinen Tellern oder hellem Papier. Beschriftet sie mit den Typenzahlen. Vergleicht die Mehle! Was stellt ihr fest?*

Was ist Gluten?

Besonders im Weizen befindet sich Gluten, das so genannte Klebereiweiß. Gluten ist für die Backeigenschaften des Mehls wichtig. Dagegen gibt es Getreidearten, aus denen kein Brot gebacken werden kann, weil der Teig ohne Kleber nicht hält und nicht aufgeht. Das ist etwa bei Reis, Mais oder Hafer der Fall.
Manche Menschen vertragen kein Gluten. Sie bekommen Bauchschmerzen oder Durchfall davon. Für sie gibt es glutenfreie Lebensmittel.

EA

Aufgabe 3:

a. *Erkläre, wofür Gluten wichtig ist!*

b. *Welche Getreidearten enthalten kein Gluten?*

c. *Weizen im Blumentopf züchten:*

Ihr braucht:
einen Blumentopf (oder eine Schale), Erde, Weizenkörner, eine Gießkanne, ein Blatt um deine Beobachtungen aufzuschreiben.

So geht es:

1. Füllt den Blumentopf mit Erde.
2. Streut eine Handvoll Weizenkörner auf die Erde.
3. Bedeckt die Körner mit ein wenig Erde.
4. Stellt den Blumentopf an einen warmen Ort und achtet darauf, dass die Erde immer feucht ist.
5. Beobachte jeden Tag und schreibe auf was du siehst.

d. *Fülle den Steckbrief zum Weizen aus.*

Weizen

Herkunft: ____________________

Arten: ____________________

____

Anbaugebiete: ____________________

____

Aussehen: ____________________

Verwendung: ____________________

____

Erforsche GETREIDE Sachunterricht Grundschule – Bestell-Nr. 12 477
KOHL VERLAG

2 Die Getreidearten

Roggen

Herkunft und Anbau
Roggen stammt aus Kleinasien. Heute pflanzt man Roggen überwiegend in Deutschland, Russland und Polen.

Arten
Roggen wird nur in Winter- und Sommerroggen unterteilt.

Aussehen
Roggen hat leicht abwärts geneigte Ähren. Die Körner sind länglich und grau. Die Stängel des Roggens sind vierkantig. Roggen hat

dichte Ähren und mittellange Grannen. Zwei Körner sitzen in zwei Reihen um den Halm. Eine Ähre enthält bis zu 50 Ährchen = Blüten. Daraus entwickelt sich das Korn. Die Bestäubung erfolgt wie bei allen Getreidearten durch den Wind. Roggenfelder haben eine blaugrün-graue Farbe.

Saat und Ernte
Roggen ist an kühles, trockenes Klima angepasst und ist frosthart. Winterrogen wird bei uns von Mitte September bis Mitte Oktober gesät. Er braucht zum Wachstum eine kalte Ruhezeit. Im April beginnt der Roggen sein Wachstum. Er gedeiht auch auf sandigen, steinigen und nährstoffarmen Böden und in kühlen Höhenlagen. Zwischen Juli und August ist er reif und wird geerntet.

Verwendung
Roggen wird heutzutage hauptsächlich zur Herstellung von Brot verwendet, meist für Mischbrote. Von den Klebereiweißen, die den Weizen so backfähig machen, hat der Roggen nur wenig. Daher braucht man zum Backen außer der Hefe auch Sauerteig um den Teig zu lockern. Das Brot ist dunkler, fester und schwerer als Weizenbrot. Es bleibt dadurch länger frisch. Reines Roggenbrot ist sogenanntes „Schwarzbrot" und der westfälische „Pumpernickel".
Aus geröstetem Roggen werden Malzkaffee, Bier und Korn (z. B. Schnaps) hergestellt. Roggen gehört zu den nachwachsenden Rohstoffen. So wird er auch z. B. in Biogas-Anlagen oder zur Herstellung von Dämmstoffen verwendet.

EA

Aufgabe 4:

a. *Was unterscheidet Weizen- und Roggenbrot?*

b. *Warum braucht man für Roggenbrot Sauerteig?*

Was ist Mutterkorn?

Auf einer Reihe von Gräsern, besonders auf Roggen lassen sich hin und wieder schwarze, krumme Körner entdecken, das so genannte Mutterkorn. Doch Mutterkorn ist keineswegs ein Korn, sondern ein giftiger Pilz. Der Verzehr von Mutterkorn ist gefährlich. Im Mittelalter hat es viele Todesfälle verursacht.

EA

Aufgabe 5:

a. *Kreuze die richtigen Antworten an!*

Wie sieht das Mutterkorn aus?	gelb		rot		schwarz	
Was ist das Mutterkorn?	ein Pilz		ein Käfer		eine Muschel	
Das Essen von Mutterkorn ist	wichtig		gefährlich		lecker	

b. *Bilde zusammengesetzte Wörter mit „Roggen".*

Brot, Feld, Anbau, Winter, Vollkornbrot, Halm, Ähre, Korn, Sommer, Mehl, Saat, Ernte, Stroh, Brötchen, Mischbrot

c. *Fülle den Steckbrief zum Roggen aus.*

Roggen

Herkunft: ______________________

Arten: ______________________

____

Anbaugebiete: ______________________

____

Aussehen: ______________________

Verwendung: ______________________

____

KOHL VERLAG Erforsche GETREIDE Sachunterricht Grundschule – Bestell-Nr. 12 477

2 Die Getreidearten

Gerste

Herkunft und Anbau
Die Gerste stammt aus Asien, wächst aber heute in allen Erdteilen.

Arten
Es gibt Sommergerste und Wintergerste.

Aussehen
Gerste ist gut an ihren langen Grannen zu erkennen. Ihr Halm ist glatt. Die dicken Körner sind in Ähren angeordnet. Wenn die Gerste reif ist, neigen sich die Ähren nach unten. Das Korn ist eiförmig und goldgelb. Es ist von den Spelzen fest umschlossen und muss daher geschält werden. Die Spelzen entwickeln sich aus der Blütenhülle und schützen das reife Korn.

Saat und Ernte
Gerste ist eine anspruchslose Pflanze, die auch bei rauem Wetter gedeiht. Sie wächst am schnellsten von allen Getreidearten. Wintergerste bringt höhere Erträge, daher wird immer weniger Sommergerste angebaut.
Die Aussaat der Sommergerste erfolgt im Frühjahr. Sie reift in weniger als 100 Tagen heran. Meist ist sie das erste Getreide, was im Juli geschnitten wird.
Wintergerste wird im September gesät und braucht einen „Winterschlaf", eine Ruhephase wie jedes Wintergetreide

Verwendung
Wintergerste wird meist als Tierfutter genutzt. Für unsere Ernährung nutzt man überwiegend Sommergerste. Da Gerste wenig Klebereiweiß (Gluten) enthält, lassen sich daraus keine Backwaren (Brote, Brötchen, Kuchen) herstellen. Verwendung findet sie aber für die Bier- und Branntweinherstellung und als Malzkaffee. Gerste wird auch zu Grütze bzw. Graupen verarbeitet.
Graupen sind Körner ohne Spelzen und Schalen, die in Schälmühlen geschliffen wurden. Mit Gemüse, Fleisch und Brühe isst man sie in Suppen und Eintöpfen. Man kann sie auch als Beilage verwenden wie Reis.
Gerste bildet beim Kochen viel Schleim, der die Verdauung unterstützt. Auch bei Magen- oder Darmentzündungen hilft der Schleim.

EA

Aufgabe 6:

a. *Woran kann man Gerste ganz leicht erkennen?*
b. *Wozu nutzt man Wintergerste?*
c. *Warum kann man mit Gerste kein Brot backen?*
d. *Was sind Graupen?*
e. *Welche Gerste wird für unsere Ernährung gebraucht?*
f. *Wie lange braucht Sommergerste, bis sie reif ist?*

Gerste

Strohpüppchen basteln

Ihr braucht:

- ein Bündel Stroh (am Rande eines abgeernteten Feldes zu finden)
- Schere, Bast zum Abbinden, 1 Wattekugel, ca. 4 cm Durchmesser
- Farbe für Augen und Mund, Juteband oder Filzreste, Kleber

So geht es:

- Bindet mit dem Bast den größten Teil der Strohhalme am oberen Ende fest zusammen.
  (zu zweit, einer hält, einer bindet)
- Dann schneidet ihr das Stroh oben fransig ab.
- Die Wattekugel bekommt nun ein Gesicht aufgemalt
- Nun müsst ihr die Wattekugel zwischen das Stroh stopfen. Das Gesicht sollte frei bleiben.
- Dann bindet ihr mit Bast das Bündel unter der Wattekugel erneut fest. Der Kopf ist fertig!
- Für die Arme nehmt ihr den Rest des Strohs und formt wieder ein Bündel.
- Das schiebt ihr unter dem Kopf durch die Halme.
- Wickelt kreuzweise Bast um Arme und Oberkörper.
- Beine bekommt die Puppe, indem ihr das Bündel unten halbiert und beide Teile unten am Ende mit Bast umwickelt.
- Wer mag, kann seinem Püppchen noch Kleidung aus Jurteband oder Filz aufkleben.

Aufgabe 7: *Fülle den Steckbrief zur Gerste aus!*

Gerste

Herkunft: ______________________

Arten: ______________________

____

Anbaugebiete: ______________________

____

Aussehen: ______________________

Verwendung: ______________________

____

2 Die Getreidearten

Hafer

Herkunft und Anbau

Vor rund 5000 Jahren begann man in Osteuropa Hafer zu züchten. Der Hafer bevorzugt die kühleren Gebiete Mittel- und Nordeuropas. Daher wird er heute in den Staaten rund um die Ostsee, in Australien, Kanada und Amerika angebaut.

Arten

Es gibt über 20 Haferarten. Bei uns wird meist Saathafer (auch Nackthafer genannt) angebaut.

Aussehen

Hafer hat keine Ähren, sondern Rispen. Diese neigen sich beim Wachsen immer weiter nach unten. Hierbei sind die einzelnen Ährchen an feinen Stielchen aufgehängt. Jedes Korn wird dabei von einer Spelze eingeschlossen, welche nach der Ernte zunächst entfernt werden muss. An jedem Halm können bis zu 20 Rispenstielchen wachsen. Die Körner sind klein und länglich.

Saat und Ernte

Er gedeiht auch in kühlen Lagen. Er braucht nicht viel Licht und Wärme, dafür aber viel Wasser. Die Ansprüche an den Boden sind gering. Hafer wird als Sommergetreide angebaut. Im Frühjahr ab März wird er ausgesät. Zwischen Juni und Ende Juli blüht der Hafer. Mitte bis Ende August wird er geerntet.

Verwendung

Hafer hat einen hohen Fettgehalt und ist sehr nährstoffreich. Da er aber nur wenig Klebereiweiß enthält, muss er beim Backen mit Weizen und Dinkel gemischt werden. Aus Hafer werden Haferflocken, Müsli und Müsliriegel hergestellt. Man findet ihn aber auch in Brot, Keksen, Suppen und Babynahrung. Haferkekse sind ein traditionelles Gebäck aus Schottland. Porridge ist ein bekannter Haferbrei, der in Großbritannien als warme Frühstücksmahlzeit gegessen wird. Hafer dient auch als Vieh- und Pferdefutter.

EA

Aufgabe 8: *Richtig oder Falsch? Kreuze an!*

		r	f
1	Hafer bildet große Ähren.		
2	Die Haferkörner sind von Spelzen eingeschlossen.		
3	Hafer braucht kaum Wasser.		
4	Hafer dient auch als Vieh- und Pferdefutter.		
5	Hafer wird im Januar oder Februar ausgesät.		

Hafer

So entstehen Haferflocken

Aus getrockneten Körnern werden Haferflocken und Hafergrütze hergestellt: Zuerst werden die Spelzen entfernt.
Die Haferkörner werden dann in einem Walzenstuhl zwischen Rollen (Walzen) zerkleinert. Wir kennen kernige Flocken, die aus ganzen Haferkörnern hergestellt werden. Zarte Flocken werden aus Hafergrütze (kleingeschnittenen Haferkörnern) gewalzt. Schmelzflocken werden aus Hafermehl gewalzt.
Das Bild zeigt Haferkörner mit und ohne Spelzen und kernige Haferflocken.

Leckere Haferkekse backen – schnell und einfach

Ihr braucht: 50 g gemahlene Haselnüsse – 1 TL Backpulver – 130 g weiche Butter – 1 Ei – je 1 Prise Salz und Zimt – 200 g grobe Haferflocken – 80 g Honig

So geht es: Backofen auf 180 Grad (Umluft: 160 Grad) vorheizen. Backblech mit Backpapier belegen. Haselnüsse mit Backpulver in einer Schüssel mischen. Butter, Salz, Zimt und Ei zugeben und 1 Minute schaumig schlagen. Haferflocken und Honig unterrühren. Mit einem Esslöffel walnussgroße Häufchen auf das Backpapier setzen und platt drücken. Im vorgeheizten Ofen ca. 12 Minuten backen. Luftdicht in einer Dose aufbewahren.

EA

Aufgabe 9: *Fülle den Steckbrief zum Hafer aus!*

Hafer

Herkunft: ____________________

Arten: ____________________

____

Anbaugebiete: ____________________

____

Aussehen: ____________________

Verwendung: ____________________

____

KOHL VERLAG Erforsche GETREIDE Sachunterricht Grundschule – Bestell-Nr. 12 477

2 Die Getreidearten

Mais

Herkunft und Anbau

Der Mais stammt aus Mittelamerika. Die Spanier brachten ihn kurz nach 1500 nach Europa. Hier galt er zunächst als Zierpflanze, ähnlich wie die Tomate und die Kartoffel. Als Getreide wurde er erst im 17. Jahrhundert angebaut.

Arten

Es gibt eine Reihe von Sorten: Puffmais (daraus lässt sich Popcorn herstellen), Zuckermais (als Gemüse), Stärkemais (zur Stärkegewinnung). Bei uns wird fast nur Futtermais angebaut.

Aussehen

Mais bildet keine Ähren, sondern Kolben.
Mais ist das einzige Getreide, bei dem männliche und weibliche Blüten getrennt vorkommen. An der Spitze der Maispflanze bilden die männlichen Ähren einen lockeren Blütenstand. Die weiblichen Ähren erscheinen in den Blattachseln und sind durch Büschel von dünnen roten Fäden zu erkennen. Nach der Bestäubung entwickeln sich hier die Maiskolben. Sie bleiben aber umhüllt von mehreren Schichten Blättern. Der Mais ist der Größte unter den Getreiden. Er kann 1,5 – 2,5 m hoch werden. Er hat auch die dicksten Körner.

Saat und Ernte

Er ist frostempfindlich und braucht ein mildes Klima, um gut zu gedeihen. Daher wird er erst Mitte bis Ende Mai ausgesät, wenn die Gefahr eines Frostes vorüber ist.
Am weitesten verbreitet ist der Maisanbau auch heute noch in den USA.
Futtermais wird in Deutschland Mitte September bis in den Oktober mit dem Maishäcksler geerntet, wenn die Kolben noch nicht richtig reif sind. Die Maishäcksler ernten die ganzen Pflanzen. Sie werden zerkleinert und luftdicht gelagert. Die Maisstücke gären und bilden ein vitaminreiches Winterfutter für Rinder. Körnermais, der in warmen Gebieten wächst, wird später, Ende September bis in den November geerntet.

EA

Aufgabe 10: *Schau auf das Bild.*
Beschreibe mit deinen Worten die Entwicklung des Maiskorns.

Verwendung

Mit Mais kann man kein Brot backen! Mais wird zu Beilagen Polenta (Maisgrieß), Süßspeisen, Maisflocken (Cornflakes) Tortillas, Erdnussflips, Maisstärke und Popcorn verarbeitet. Auch Maiskeimöl und Futtermittel stellt man aus Mais her. Bei uns wird der Mais überwiegend als Viehfutter genutzt. Der Maisanbau war eine wichtige Voraussetzung für die Einführung der Massentierhaltung. Seit Ende des letzten Jahrhunderts werden durch Gentechnik veränderte Maissorten angebaut. Mais wird auch als Energielieferant in Biogasanlagen benutzt.

EA

Aufgabe 11:

a. *In vielen Gegenden gibt es mittlerweile „Maislabyrinths". Von Juli, wenn der Mais hoch genug gewachsen ist, bis zum Oktober, wenn er geerntet wird, kann man sich hier vergnügen und meist auch einiges über die Pflanze erfahren.*

Paul und Jan waren im Maislabyrinth unterwegs. Doch sie haben sich verirrt. Wie finden sie wieder zusammen?

b. *Fülle den Steckbrief zum Mais aus.*

Mais

Herkunft: ______________________

Arten: ______________________

____

Anbaugebiete: ______________________

____

Aussehen: ______________________

Verwendung: ______________________

____

KOHL VERLAG Erforsche GETREIDE Sachunterricht Grundschule – Bestell-Nr. 12 477

Cornflakes

Cornflakes (corn – Getreide, Meis, flakes – Flocken) wurden von den ammerikanischen Ärzten John Harvey Kellogg und seinem Bruder Will Keith Kellogg entwikelt. Sie waren damahls, vor über 100 Jahren, als Heilnahrung gedacht. Sie bestanden aus gekochtem, anschließend gepreßtem und getrocknetem Weizen. Die dünen, knusprigen Flocken wurden mit etwas Salz gegessen. 1922 entstand die Firma Kellogg. In Deuschland wurden Cornflakes erstmals 1965 hergestellt. Cornflakes giebt es in vielen Sorten, auch aus Mais und Reis. Zucker, Salz und Gerstenmalz sowie das Rösten sorgen für den Geschmak. Heute wird aus Cornflakes gans schnell ein Frühstück: Flocken in die Schale, Milch drauf, fertig. Es gibt viele Virmen, die Cornflakes herstellen.

PA

__Aufgabe 12:__ *In dem Text oben befinden sich einige Fehler. Schreibe die Sätze richtig in dein Heft.*

Popkorn herstellen

Wer Popcorn machen will, braucht Puffmais. Außerdem braucht er eine Pfanne (am besten mit einem Glasdeckel) Öl, Zucker oder Salz. Man kann Popcorn auch in einer Maschine oder in der Mikrowelle machen, aber da lässt es sich nicht so gut beobachten.

Doch was passiert beim Herstellen von Popcorn eigentlich? Die Maiskörner enthalten Stärke und Wasser. Geben wir den Mais nun in eine Pfanne und erhitzen wir die Körner, verdampft das Wasser mit der Zeit. In dem Maiskorn entsteht ein mächtiger Druck. Denn der Wasserdampf braucht Platz. Irgendwann kann die Schale des Korns das nicht mehr aushalten. Sie platzt auf. Das hören wir als Plopp. Aus dem Maiskorn quillt dann die Stärke heraus. Die Masse wird ganz schnell hart. Das ist dann das Popcorn, das wir später essen. Popcorn kann unterschiedlich zubereitet werden. Viele mögen die Nascherei mit Zucker. Andere geben lieber Salz dazu.

Zubereitung:

1. 1 Esslöffel Öl und 75 g Puffmais in die Pfanne geben und den Deckel draufsetzen. Nun die Pfanne stark erhitzen und ungefähr die Hälfte der Körner aufpoppen lassen. Wenn die Pfanne einen Glasdeckel hat, kann man das gut beobachten.
2. Jetzt das Popcorn vom Herd nehmen, damit es nicht anbrennt.
3. Anschließend das Popcorn würzen, süß oder herzhaft, wobei es noch warm sein sollte, da die Zutaten dann besser haften.

Reis

Herkunft und Anbau
Reis ist eine der ältesten Kulturpflanzen der Welt. Man weiß, dass er bereits rund 7000 v. Chr. in China angebaut wurde. Kein anderes Getreide ist für die Ernährung der Menschen wichtiger. Annähernd 3 Milliarden Menschen, ernähren sich hauptsächlich von Reis. Asien ist das Hauptanbaugebiet. Es folgen Amerika und Norditalien.

Arten
Es gibt etwa 8000 Arten, z. B. Langkorn, Rundkorn, Naturreis, Duftreis.

Aussehen

Die Pflanze kann mannshoch werden, bis 1,80 m. An der 30 cm langen Rispe hängen kurz gestielte Ährchen, die jeweils ein Reiskorn enthalten. Es ist fest von den Spelzen umschlossen. Ein Samenkorn bringt tausend bis dreitausend Reiskörner hervor.
Jedes Reiskorn hat 2 Schalen: Die Spelze, die nach der Ernte entfernt wird, und das Silberhäutchen. Wenn der Reis nur entspelzt ist, spricht man von Naturreis oder Vollkornreis. Er ist ein wenig dunkler.

Saat und Ernte

Da Reis ein warmes, feuchtes Klima zum Wachsen braucht, werden 90 % der Weltproduktion in den Monsunregionen Asiens angebaut. Reis wird in Pflanzbeeten ausgesät. Nach einigen Wochen sind die Pflanzen groß genug, um aufs Feld umzuziehen. Dort werden die Reispflanzen von Hand eingepflanzt.
Flüsse und Bäche werden umgeleitet und Lehmdämme errichtet, um die Reisfelder zu überschwemmen. Reis hat eine Wachstumszeit zwischen dreieinhalb und acht Monaten.

Verwendung
Reismehl ist nicht backfähig. Reis gehört zu den glutenfreien Getreidearten. Er wird bei uns als Beilage gegessen. Auch für Suppen, Aufläufe und Eintöpfe wird er eingesetzt. Wir kennen auch Reisbrei und Reiswaffeln.

EA

Aufgabe 13:

a. *Wo wird überwiegend Reis angebaut?*

b. *Beschreibe den Reisanbau. Was wird getan?*

Erforsche GETREIDE Sachunterricht Grundschule – Bestell-Nr. 12 477
KOHL VERLAG

Suchspiel zum Reis

EA

Aufgabe 14: a. *Finde im Gitter 16 Wörter, die zum Reis gehören.*

E	I	G	S	A	S	I	E	N	A	S	G	E	H	U	R
R	F	L	A	N	G	K	O	R	N	P	I	R	G	R	U
E	A	U	T	R	K	L	E	I	T	E	S	E	R	E	N
I	S	T	H	I	E	P	B	N	A	L	D	I	A	I	D
S	R	E	I	S	P	F	L	A	N	Z	E	S	F	S	K
B	M	N	F	P	L	A	B	T	N	E	O	W	E	A	O
R	I	F	E	E	U	N	L	U	E	N	W	A	R	U	R
E	N	R	R	N	K	Z	A	R	P	H	A	F	I	F	N
I	T	E	N	E	L	B	N	R	E	I	S	F	E	L	D
B	E	I	L	A	G	E	D	E	E	N	S	E	G	A	K
S	T	Ä	B	C	H	E	N	I	I	S	E	L	E	U	A
W	Ä	R	M	E	G	T	E	S	S	A	R	K	O	F	L

b. *Fülle den Steckbrief zum Reis aus.*

Reis

Herkunft: ______________________

Arten: ______________________

____

Anbaugebiete: ______________________

____

Aussehen: ______________________

Verwendung: ______________________

____

2 Die Getreidearten

Betrachtung der Getreidehalme

Material:

Verschiedene Getreidehalme – in der Klasse verteilen!

Beobachtungsbogen:

Name des Getreides: ______________________

1. Beschreibe den Getreidehalm!

____

____

____

____

2. Zeichne den Halm! →

3. Beschreibe Ähre, Rispe oder Kolben!

____

____

____

4. Zeichne Ähre, Rispe oder Kolben! →

5. Nenne mindestens 3 Produkte, die aus diesem Getreide hergestellt werden!

____

____

6. Betrachte die Getreidekörner mit einer Lupe! Beschreibe, was du siehst!

____

____

____

7. Vergleiche deine Körner mit denen deiner Mitschüler. Welche Unterschiede gibt es bei den verschiedenen Getreidesorten?

____

____

____

KOHL VERLAG Erforsche GETREIDE Sachunterricht Grundschule – Bestell-Nr. 12 477

3 Anbau und Ernte

Das Getreide im Jahreslauf

PA

Aufgabe 1: *Schneidet die Kärtchen aus und klebt sie in der richtigen Reihenfolge auf ein großes Blatt.*

A	B	1 – Oktober bis November wird das Wintergetreide gesät. 2 – Mit Hilfe von Wasser und Wärme keimt das Getreidekorn.
C	D	3 – Nach 2 – 3 Wochen durchbricht der Keim die Erde. 4 – Bei einer Pflanzenhöhe von 5 cm beginnt die Überwinterung.
E	F	5 – Roggen und Weizen können Frost bis zu minus 20 °C aushalten. 6 – Im Frühjahr wächst das Getreide weiter.
G	H	7 – Von März bis Juni wächst die Pflanze und bildet die Ähre. 8 – Im Juni ist das Wachstum beendet. Die Felder werden gelb.
I	J	9 – Die Pflanzen sterben ab. Die Körner in den Ähren trocknen. 10 – Im Juli oder August erntet der Mähdrescher das Getreide.

So baute man früher Getreide an

Früher war der Getreideanbau viel anstrengender. Der Bauer musste mit dem Pflug den Boden auflockern. Vor den Pflug wurden Pferde oder Ochsen gespannt. Der Bauer musste die Pflugschar fest in den Boden drücken. In den gepflügten Acker wurde gesät. Dazu verwendete man einen Teil Körner der letzten Ernte. Wenn das Getreide reif war, wurde es mit einer Sense geschnitten. Dann wurden die Ähren zu Garben zusammengebunden und zum Trocknen auf dem Feld aufgestellt. Später wurden die Garben auf einen Pferdewagen geladen und zum Hof gefahren.

Zur Zeit der Ernte musste die ganze Familie auf dem Feld helfen. Der Bauer und die Knechte schnitten das Getreide, die Frauen und Kinder banden die Garben, damit das Korn nachtrocknen konnte.

Auf einem Pferdewagen brachten die Männer das Getreide zum Hof. Mit einem Dreschflegel schlug man die Körner aus den Ähren. Danach trennte man die Körner von der Spreu (das ist der Abfall des Getreides beim Dreschen). Anschließend füllte man die Körner in Säcke und transportierte sie zum Mahlen in die Mühle. Das Stroh wurde an die Tiere auf dem Hof verfüttert.

Aufgabe 2: *Bringt die Bilder in die richtige Reihenfolge. Beschreibe dann, wie früher Getreide angebaut wurde.*

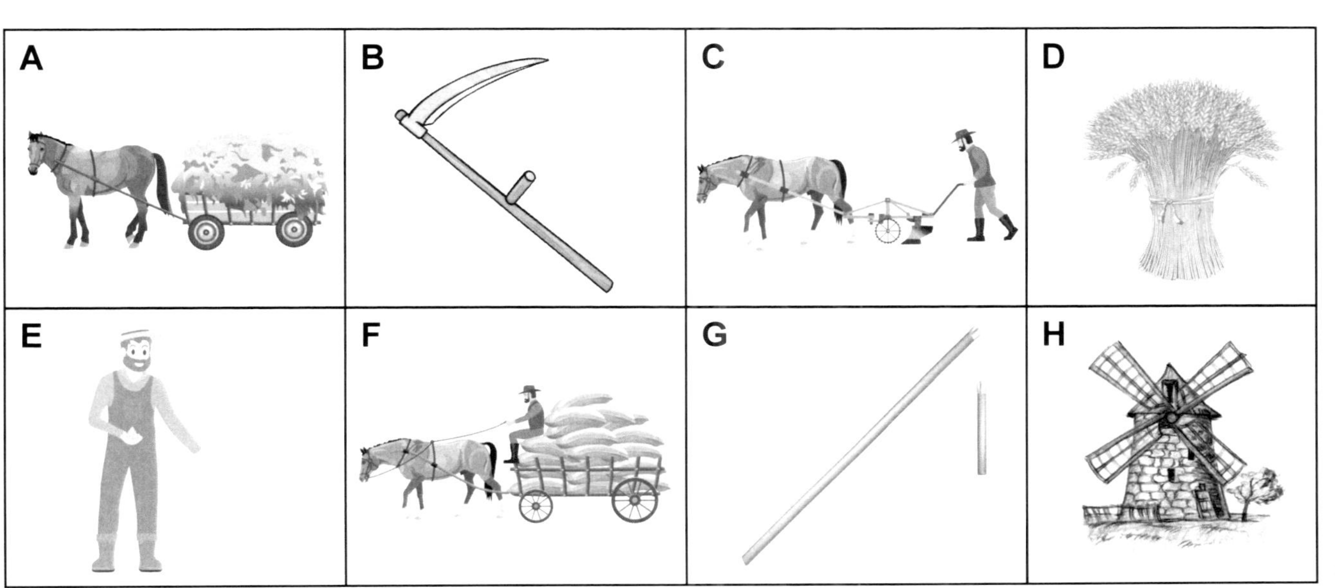

Erforsche GETREIDE Sachunterricht Grundschule – Bestell-Nr. 12 477
KOHL VERLAG

3 Anbau und Ernte

Getreideanbau heute

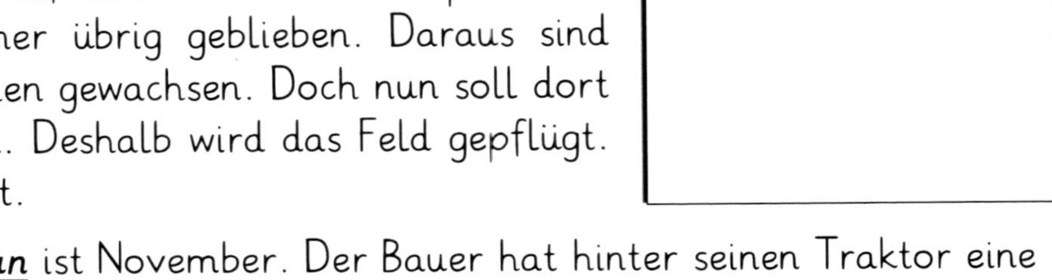

<u>Es</u> ist Oktober geworden. Auf dem Feld wuchs Raps. Nach der Ernte sind einige Körner übrig geblieben. Daraus sind schon wieder neue Pflänzchen gewachsen. Doch nun soll dort Winterweizen gesät werden. Deshalb wird das Feld gepflügt. So wird der Boden gelockert.

<u>Nun</u> ist November. Der Bauer hat hinter seinen Traktor eine Kreiselegge und eine Drillmaschine gehängt. Die Egge lockert die oberste Bodenschicht und zerkrümelt sie fein. Mit der Drillmaschine werden die Samenkörner in den Boden gelegt und gleich wieder mit Erde bedeckt.

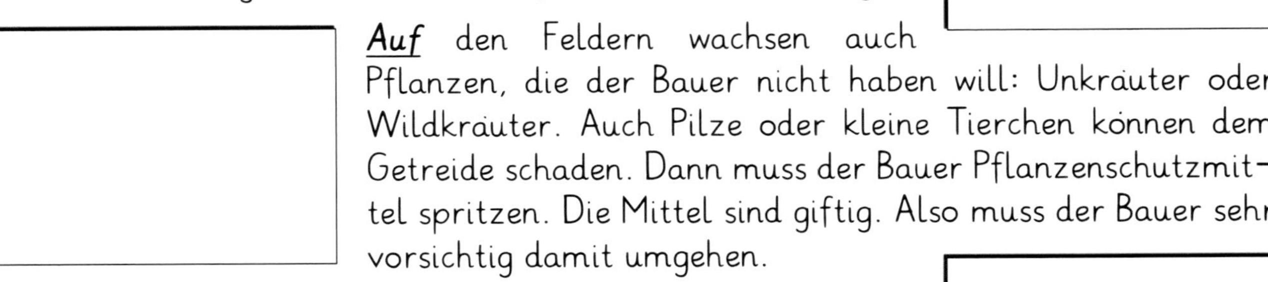

<u>Es</u> ist Frühling geworden. Die Weizenpflanzen brauchen nun Wasser und Wärme. Dazu brauchen sie auch Nährstoffe. Es wird also gedüngt. Der Bauer nimmt Naturdünger wie Mist, Gülle, Jauche oder Kunstdünger.

<u>Auf</u> den Feldern wachsen auch Pflanzen, die der Bauer nicht haben will: Unkräuter oder Wildkräuter. Auch Pilze oder kleine Tierchen können dem Getreide schaden. Dann muss der Bauer Pflanzenschutzmittel spritzen. Die Mittel sind giftig. Also muss der Bauer sehr vorsichtig damit umgehen.

<u>Im</u> Juli oder August ist das Getreide reif. Es wird geerntet. Die Bauern benutzen dafür Mähdrescher. Die Maschine schneidet die Halme ab und drischt sofort die Körner aus den Ähren.

<u>Das</u> Stroh bleibt erst mal auf dem Feld liegen. Dort wird es manchmal gehäckselt. Dann ist es Dünger für die nächste Frucht. Meistens wird es in Ballen gepresst. Dann braucht man es als Einstreu für Viehställe.

EA

<u>Aufgabe 3:</u>

Schneide die Bilder aus. Klebe sie in das passende Kästchen oben im Text!

1

2

3

4

5

6

Bauer, Müller, Bäcker

Früher gab es drei Berufe, die für die Herstellung von Brot wichtig waren: Der Bauer baute das Getreide an und erntete es. Dann brachte er es zur Mühle. Der Müller mahlte das Korn zu Mehl. Dann ging es zum Bäcker. Der backte Brot, Brötchen und Kuchen daraus.

PA

Aufgabe 4: *Setze die Puzzles richtig zusammen: Du findest 6 Bilder, 2 zu jedem Beruf. Schreibe die Berufe zu den Bildern.*

Erforsche GETREIDE
Sachunterricht Grundschule – Bestell-Nr. 12 477
KOHL VERLAG

Vom Feld zur Bäckerei

EA

Aufgabe 5: Wenn das Korn mit dem Mähdrescher geerntet ist, hat es noch einen langen Weg vor sich. Erst wird es zur Mühle gefahren. Dort wird es gereinigt und gemahlen. In großen Behältern wird der Teig hergestellt. Anschließend werden die Brote geformt. Dann geht es in den Backofen. Wenn die Brote gar sind, werden sie verpackt. Nun werden sie in den Supermarkt oder die Bäckerei geliefert und dort verkauft. Schreibe die einzelnen Stationen unter die Bilder:

> **Teig herstellen / Brot zum Laden fahren / Ernte / Backofen / Fahrt zur Mühle / verkaufen / Brot verpacken / Getreide ist reif / Getreide reinigen / Brot formen / Korn mahlen**

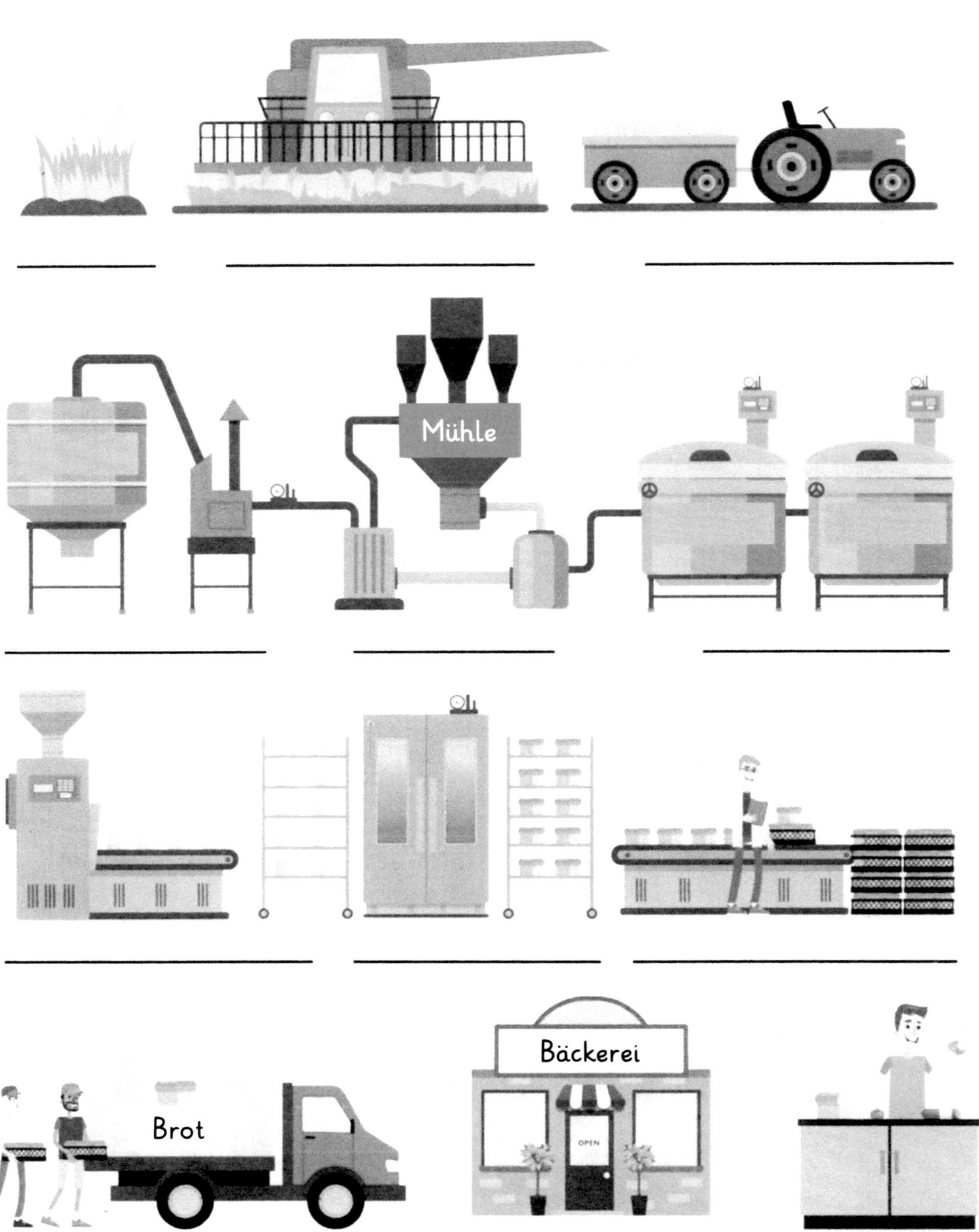

Mühlenerzeugnisse

Die vom Feld angelieferten Getreidekörner werden im Mühlenbetrieb durch spezielle Maschinen verlesen und gesäubert. Das gereinigte Getreide wird anschließend vermahlen. Es entstehen:

Mehl wird aus allen Getreiden gewonnen. Mehl ist am feinsten gemahlen. Man braucht es meist für Brot und Brötchen.	**Dunst** ist feiner als Grieß, aber nicht so fein wie Mehl. Aus Dunst stellt man Spätzle oder Strudel her.	**Grieß** bezeichnet Stückchen des Korns (meist Weizen). Weichweizengrieß verwendet man für Brei, Hartweizengrieß für Nudeln und Knödel.
Grütze besteht aus grob zerkleinerten Körnern. Sie werden im „Grützeschneider" zerteilt. Grütze wird für Suppen, Breie und Grützwurst verwendet.	**Graupen** sind geschälte, polierte Gersten- oder Weizenkörner. Graupen werden vor allem für Suppen und Eintöpfe verwendet.	**Schrot** ist grob zerkleinertes Getreide, das auf einem Walzenstuhl oder Mahlen mit der Schrotmühle hergestellt wird.
Kleie bleibt nach dem Mahlen und Sieben des Mehls zurück. Sie enthält Schalen und Keimling und liefert wichtige Ballaststoffe für uns.		**Spreu** sind die beim Dreschen von Getreide abfallenden Spelzen und Hülsen, Grannen und Stängelteile. Sie dient als Futter.

Aufgabe 6: *Schneide Kärtchen und Bilder aus. Ordne, was zusammen gehört. Klebe es passend auf ein großes Blatt. Zur Hilfe sind einige Buchstaben schon eingetragen.*

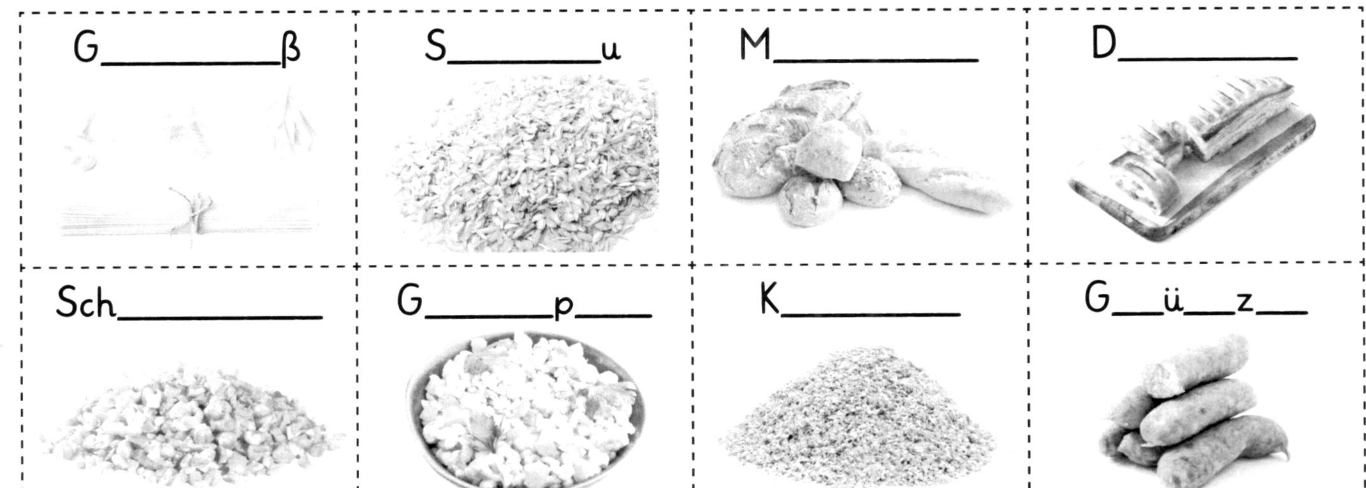

Mehl mahlen

Ihr braucht: etwa 50 g Weizenkörner, eine Mühle, 1 Glas „normales" Mehl

So geht es:

Mahlt mit der Getreidemühle (oder einer alten Kaffeemühle) 1 Esslöffel Weizenkörner! Vergleicht nun mit dem Mehl im Glas! Was stellt ihr fest?

Mehl sieben

Nehmt ein Sieb und siebt euer selbst gemahlenes Mehl aus!
Was stellt ihr fest? Schreibt und malt, was ihr gemacht habt!

Stärke-Nachweis im Brot

Mit Jodlösung kann man Stärke in einem Lebensmittel nachweisen. Lebensmittel, die Stärke enthalten, verfärben sich nach dem Auftragen der Lösung dunkelblau.

Ihr braucht:

- eine Gurkenscheibe
- ein wenig gekochter Reis
- ein paar gekochte Nudeln
- ein Stück Brot
- die Jodlösung

So geht es:

Legt die Nudeln, den Reis, das Brot und die Gurkenscheibe (jeweils 0,5 cm dick) auf Küchenpapier oder einen Teller. Gebt auf jede einige Tropfen der Jodlösung. Beobachte!

Trage in der Tabelle die Farbe und den Stärkenachweis ein.

+ heißt ja, Stärke nachgewiesen, positiv
– heißt nein, keine Stärke nachgewiesen, negativ

Probe	Nudeln	Brot	Gurke	Reis
Farbe nach der Zugabe der Jod-Lösung				
Stärkenachweis (+ oder –)				

Frage: In welchen Lebensmitteln ist Stärke enthalten?

4 Weitere Aufgaben

Sudoku rund ums Getreide

EA

Aufgabe 1: *Schneide die Kärtchen unten aus und füge sie in das Gitter ein. In jeder Spalte und jeder Reihe darf jedes Bild nur einmal vorkommen.*

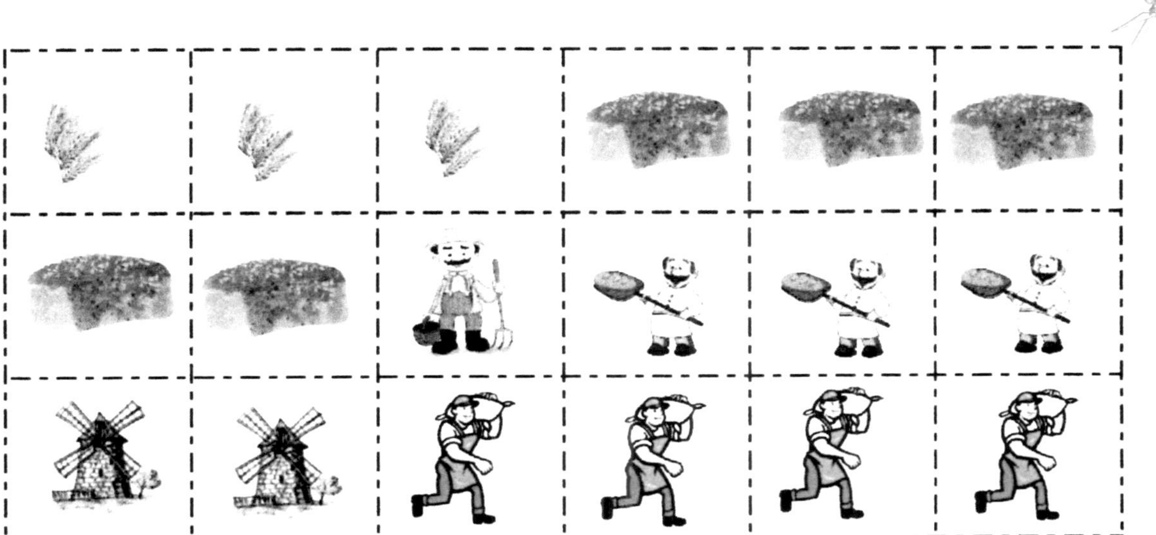

Erforsche GETREIDE – Bestell-Nr. 12 477
Sachunterricht Grundschule
KOHL VERLAG

Rätsel und Logical

Aufgabe 2: a. *Vier kleine Mäuse brauchen noch Vorräte für den Winter. Doch jeder mag ein anderes Getreide am liebsten. Schreibe auf, wer was mag!*

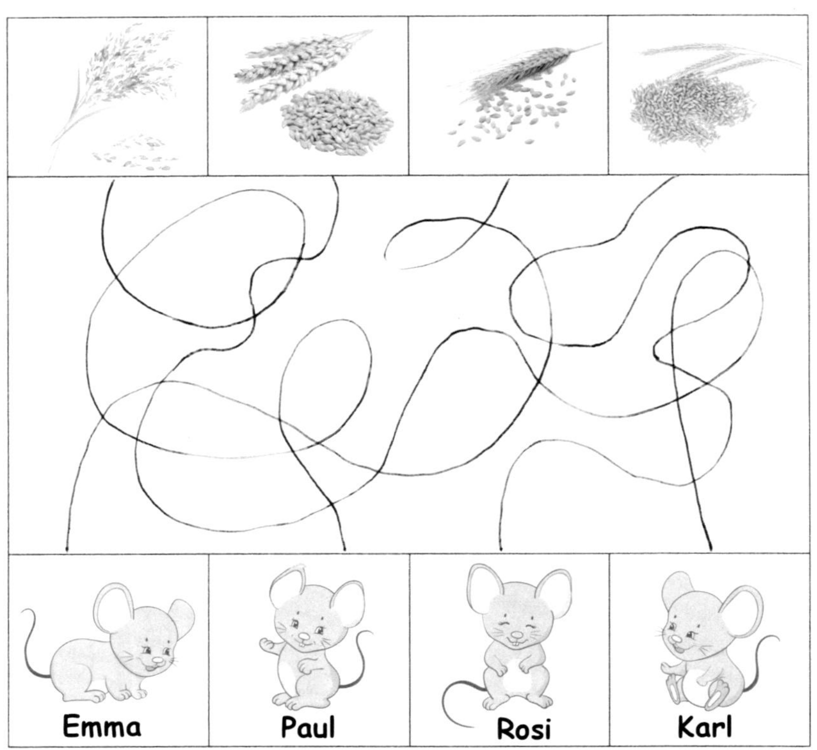

Emma mag am liebsten ______________________________.

Paul ______________________________.

Rosi ______________________________.

Karl ______________________________.

Logical

b. *Welches Getreide wird gesucht?*

- Ich komme nicht aus Asien.
- Meine Körner wachsen nicht in einem Kolben.
- Meine Körner bilden keine Rispe.
- Ich habe keine langen Grannen.
- Ich habe auch keine halblangen Grannen.
- Wer bin ich? Schreibe es auf das Schild rechts.

Weitere Aufgaben

Kreuzworträtsel

EA

Aufgabe 3: *Löse das Rätsel!*

1. Der größte Teil eines Getreidekorns.
2. Mit ihm wird das Getreide geerntet.
3. Hafer hat keine Ähren, sondern ...
4. Aus seinen Körnern wird Popcorn gemacht.
5. Viele Körner bilden die ...
6. Aus diesem Teil des Getreidekorns wächst eine neue Getreidepflanze.
7. Getreideart aus der die meisten Nudel- und Brotsorten hergestellt werden.
8. Roggen und Gerste haben sie.
9. Getreideart die sehr lange Grannen hat.
10. Getreideart die als Flocken sehr oft in Müslis vorkommt.
11. Er wächst hauptsächlich in den Ländern Asiens.
12. Er macht den Halm fest und hilft, dass er nicht gleich umknickt.
13. Mit ihr wurde früher das Getreide geerntet.
14. Er stellt das Brot her.
15. Bleibt bei der Ernte übrig.
16. Die Stängelknoten stützen ihn.
17. Getreide mit mittellangen Grannen.
18. Ein Verwandter des Weizens ist der ...

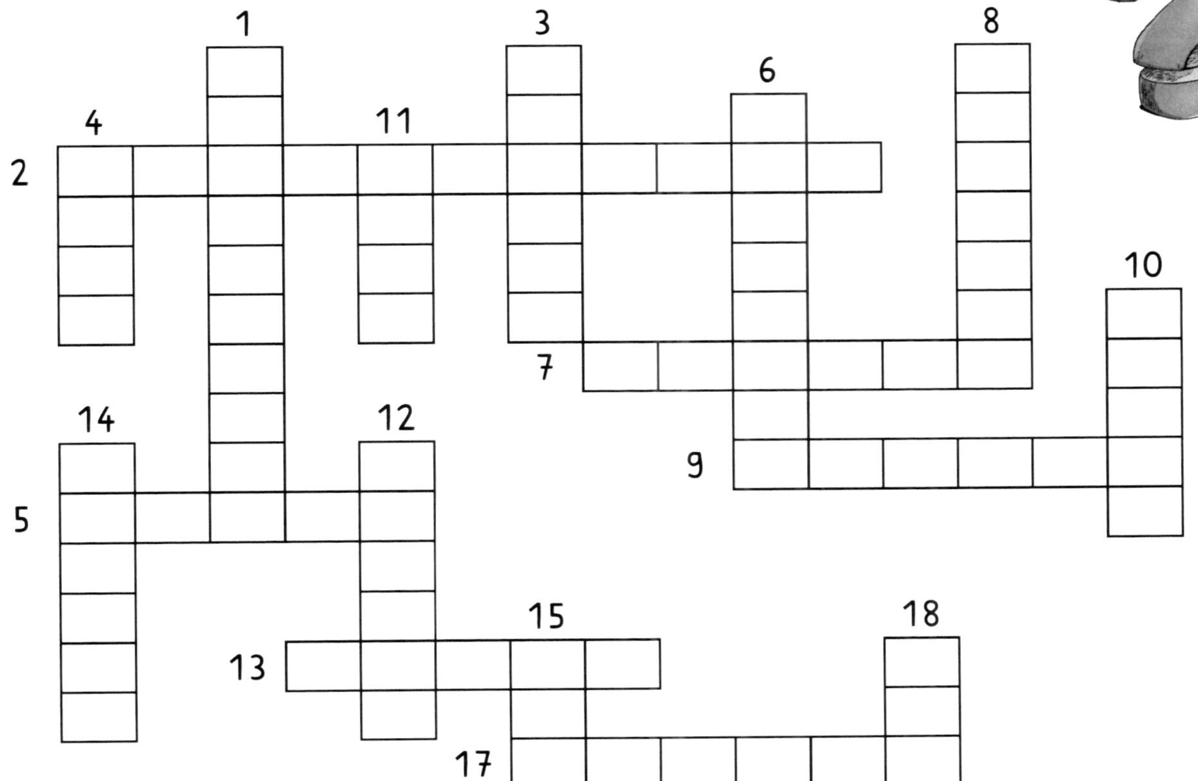

Erforsche GETREIDE Sachunterricht Grundschule – Bestell-Nr. 12 477
KOHL VERLAG

4 Weitere Aufgaben

Mandala zum Getreide

Getreidequartett

Weizen 1 Ähre und Körner 	**Weizen 2** Brot 	**Weizen 3** Nudeln 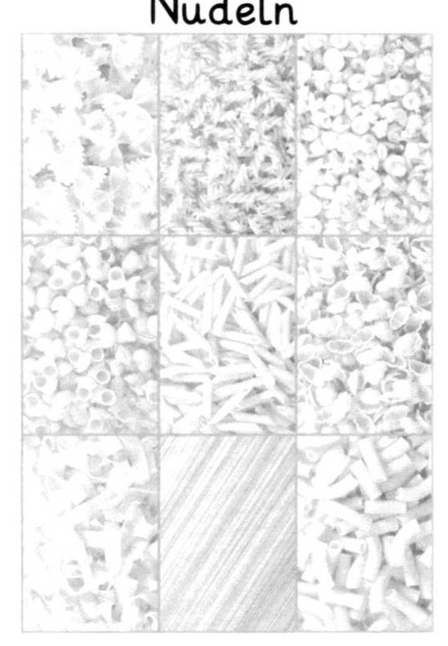
Weizen 4 Kuchen, Torten, Gebäck 	**Roggen 1** Ähre und Körner 	**Roggen 2** Brot und Brötchen 
Roggen 3 Bier und Schnaps 	**Roggen 4** Kaffeeersatz 	**Gerste 1** Ähre und Körner 

KOHL VERLAG Erforsche GETREIDE Sachunterricht Grundschule – Bestell-Nr. 12 477

4 Weitere Aufgaben

Getreidequartett

Gerste 2 Bier	**Gerste 3** Graupensuppe 	**Gerste 4** Tierfutter 
Hafer 1 Rispen und Körner 	**Hafer 2** Haferflocken 	**Hafer 3** Müsli 
Hafer 4 Viehfutter	**Reis 1** Entwicklung 	**Reis 2** pflanzen 

Getreidequartett

Reis 3
Ernte

Reis 4
Sorten

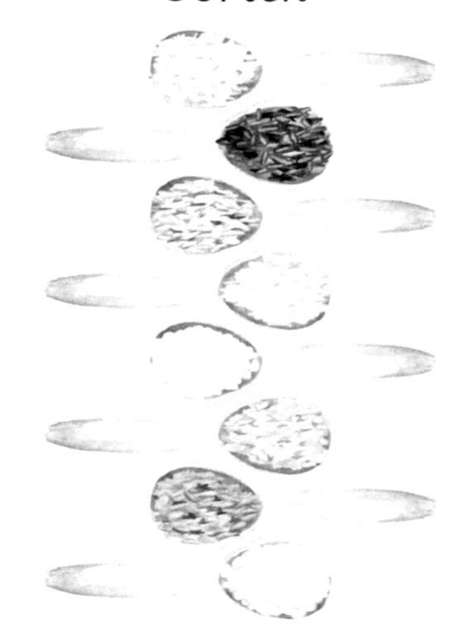

Mais 1
Kolben und Körner

Mais 2
Maispflanzen

Mais 3
Cornflakes

Mais 4
Popcorn

Bauer 1
Feld eggen

Bauer 2
Getreide säen

Bauer 3
Ernte früher

Erforsche GETREIDE
Sachunterricht Grundschule – Bestell-Nr. 12 477
KOHL VERLAG

4 Weitere Aufgaben

Getreidequartett

Bauer 4 Ernte heute 	Müller 1 Korn mahlen 	Müller 2 Windmühle 
Müller 3 Wassermühle 	Müller 4 Moderne Mühle 	Bäcker 1 Teig herstellen 
Bäcker 2 Brot backen 	Bäcker 3 Pizzabäcker 	Bäcker 4 Verkäuferin 

4 Weitere Aufgaben

Fachwortverzeichnis

Ähre	Rispe	Kolben	Stängelknoten
Weizen, Gerste und Roggen haben Ähren.	Reis und Hafer haben Rispen.	Mais bildet Kolben.	Am Knoten kann sich der Halm wieder aufrichten
Spelzen	**Grannen**	**Pflug**	**Sense**
Die Spelzen schützen das Getreidekorn.	Das sind die „Haare" von Gerste und Roggen.	Damit lockerte man früher den Boden.	Diente früher zum schneiden des Korns.
Dreschflegel	**Mähdrescher**	**Stroh**	**Graupen**
Damit wurden früher die Körner aus den Halmen geschlagen.	Der erntet heute das Getreide.	Die Getreidehalme ohne Körner.	Graupen sind Körner ohne Spelzen und Schalen.
Mehlkörper	**Keimling**	**Mutterkorn**	**Gluten**
Der Mehlanteil im Getreidekorn.	Daraus wächst das neue Korn.	Giftiger Pilz am Roggen.	Klebereiweiß, wichtig zum Backen.

Lösungen

1 Getreide kennenlernen

Aufgabe 1:

a.

Weizen	Brot, Brötchen, Kuchen, Nudeln
Roggen	Brot, Brötchen
Gerste	Suppe, Bier
Hafer	Haferflocken, Brei

b. Weizen, Hafer, Gerste, Roggen

Aufgabe 2: Hier ist Getreide enthalten:

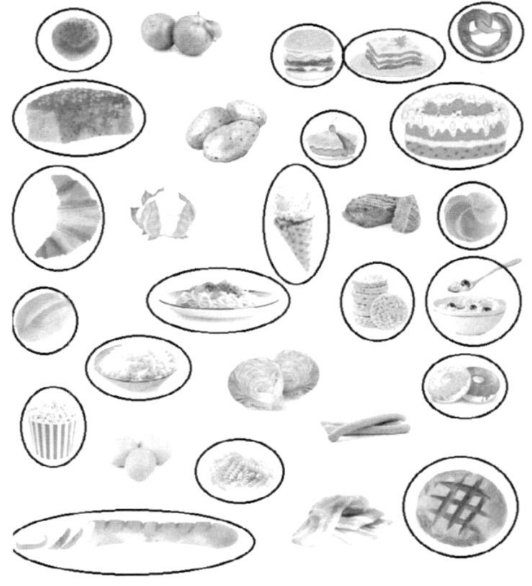

Aufgabe 3: Gerste, Weizen und Roggen haben Ähren. Mais hat Kolben. Hafer und Reis wachsen an Rispen.

Aufgabe 4:

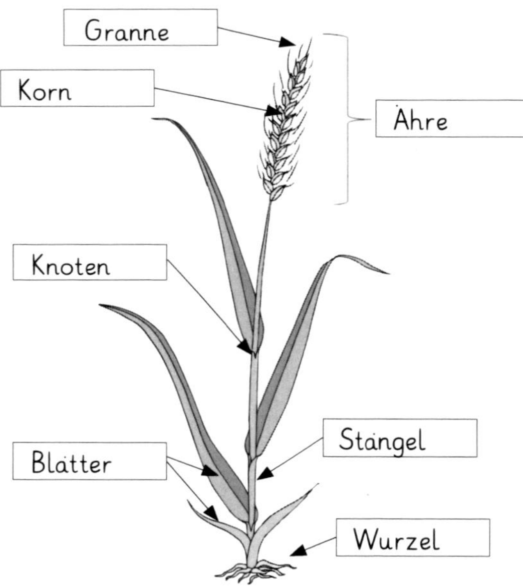

Aufgabe 5: Der Keimling enthält wichtige Stoffe wie Eiweiß, Mineralstoffe, Vitamine und eben Fett. Die Schale besteht zur Hälfte aus Ballast-Stoffen, enthält aber auch Vitamine, Eiweiß und Mineralstoffe.
Der Mehlkörper besteht zum größten Teil aus Stärke und einem Eiweißstoff (Gluten oder Kleber genannt).

Lösungen

1 Getreide kennenlernen

Aufgabe 6:

5x Weizen	5x Roggen	7x Hafer	6x Gerste	6x Reis	6x Mais

Aufgabe 7: Das Lösungswort heißt „**Ferien**".

2 Die Getreidearten

Aufgabe 1:

a. Gesät wird Winterweizen zwischen September und Dezember.
b. Der Weizen stammt aus dem Orient.
c. Weichweizen dient vor allem der Herstellung von Brot und Backwaren, Stärke und Malz.
d. Aus Hartweizen werden Nudeln und Pasta sowie Bulgur und Couscous hergestellt.

Aufgabe 2:

a. Am besten für uns ist Mehl mit vielen Mineralstoffen, also mit einer hohen Typenzahl. Am besten ist Vollkornmehl.
b. freie Antworten

Aufgabe 3:

a. Gluten sind für die Backeigenschaften des Mehls wichtig.
b. Reis, Mais oder Hafer z. B. enthalten kein Gluten.
d. **Steckbrief Weizen**
Herkunft: aus dem Orient
Arten: Hartweizen, Weichweizen, Dinkel
Anbaugebiete: Nordamerika, Europa
Aussehen: Ähre ohne Grannen
Verwendung: Brot, Brötchen, Nudeln, Gries

Aufgabe 4:

a. Roggenbrot ist dunkler, fester und schwerer als Weizenbrot.
b. Von den Klebereiweißen, die den Weizen so backfähig machen, hat der Roggen nur wenig. Daher braucht man zum Backen außer der Hefe auch Sauerteig.

Aufgabe 5:

a. Wie sieht das Mutterkorn aus? schwarz
Was ist das Mutterkorn? ein Pilz
Das Essen von Mutterkorn ist gefährlich.
b. Roggenbrot, Roggenfeld, Roggenanbau, Winterroggen, Roggenvollkornbrot, Roggenhalm, Roggenähre, Roggenkorn, Sommerroggen, Roggenmehl, Roggensaat, Roggenernte, Roggenstroh, Roggenbrötchen, Roggenmischbrot
c. **Steckbrief Roggen**
Herkunft: Kleinasien
Arten: Winter- und Sommerroggen
Anbaugebiete: Deutschland, Polen, Russland
Aussehen: Ähre mit kurzen Grannen
Verwendung: Brot, Kaffeeersatz, Schnaps

Erforsche GETREIDE
Sachunterricht Grundschule – Bestell-Nr. 12 477
KOHL VERLAG

Lösungen

2 Die Getreidearten

Aufgabe 6:

a. Gerste ist gut an ihren langen Grannen zu erkennen.
b. Wintergerste wird meist als Tierfutter genutzt.
c. Da Gerste wenig Klebereiweiß (Gluten) enthält, lassen sich daraus keine Backwaren (Brote, Brötchen, Kuchen) herstellen.
d. Graupen sind Körner ohne Spelzen und Schalen, die in Schälmühlen geschliffen wurden.
e. Für unsere Ernährung nutzt man überwiegend Sommergerste.
f. Sommergerste reift in weniger als 100 Tagen heran.

Aufgabe 7:

Steckbrief Gerste
Herkunft: Asien
Arten: Sommer- und Wintergerste
Anbaugebiete: alle Erdteile
Aussehen: Ähre mit langen Grannen
Verwendung: Bier, Whisky, Malzkaffe, Futter

Aufgabe 8: Richtig ist:

1	Hafer bildet Rispen.
2	Die Haferkörner sind von Spelzen eingeschlossen.
3	Hafer braucht viel Wasser.
4	Hafer dient auch als Vieh- und Pferdefutter.
5	Hafer wird ab März ausgesät.

Aufgabe 9:

Steckbrief Hafer
Herkunft: Osteuropa
Arten: 20 Haferarten, Saathafer bei uns
Anbaugebiete: um die Ostsee, Nordamerika, Kanada, Australien
Aussehen: Rispe
Verwendung: Haferflocken, Futter

Aufgabe 10: Das Maiskorn beginnt zu keimen. Ein erster Trieb entwickelt sich. Das Pflänzchen wächst weiter. Die Blüte bildet sich. Dann wachsen auch die Kolben in den Blattachseln heran. Wenn sie reif sind, wird der Mais geerntet.

Aufgabe 11:

a.

b. **Steckbrief Mais**
Herkunft: Amerika
Arten: Futtermais, Gemüsemais
Anbaugebiete: USA, bei uns Futtermais
Aussehen: goldgelber Kolben
Verwendung: Öl, Cornflakes, Popcorn, Futter

Aufgabe 12: So ist der Text richtig:

Cornflakes (corn – Getreide, Mais, fl akes – Flocken) wurden von den amerikanischen Ärzten John Harvey Kellogg und seinem Bruder Will Keith Kellogg entwickelt. Sie waren damals, vor über 100 Jahren, als Heilnahrung gedacht. Sie bestanden aus gekochtem, anschließend gepresstem und getrocknetem Weizen. Die dünnen, knusprigen Flocken wurden mit etwas Salz gegessen. 1922 entstand die Firma Kellogg. In Deutschland wurden Cornflakes erstmals 1965 hergestellt. Cornflakes gibt es in vielen Sorten, auch aus Mais und Reis. Daraus entstanden Kornriegel und viele andere Produkte. Zucker, Salz und Gerstenmalz sowie das Rösten sorgen für den Geschmack. Heute wird aus Cornflakes sekundenschnell ein Frühstück: Flocken in die Schale, Milch drauf, fertig. Es gibt viele Firmen, die Cornflakes herstellen.

Lösungen

2 Die Getreidearten

Aufgabe 13:

a. Asien ist das Hauptanbaugebiet. Es folgen Amerika und Norditalien.

b. Reis wird in Pflanzbeeten ausgesät. Nach einigen Wochen sind die Pflanzen groß genug, um aufs Feld umzuziehen. Dort werden die Reispflanzen von Hand eingepflanzt. Flüsse und Bäche werden umgeleitet und Lehmdämme errichtet, um die Reisfelder zu überschwemmen.

Aufgabe 14:

a.

		G		A	S	I	E	N		S					R
R		L	A	N	G	K	O	R	N	P		R		R	U
E		U		R						E		E		E	N
I		T		I				N		L		I		I	D
S	R	E	I	S	P	F	L	A	N	Z	E	S		S	K
B		N		P				T		E		W		A	O
R		F		E				U		N	W	A		U	R
E		R		N				R			A	F		F	N
I		E						R	E	I	S	F	E	L	D
B	E	I	L	A	G	E		E			S	E		A	
S	T	Ä	B	C	H	E	N	I			E	L		U	
W	Ä	R	M	E				S			R			F	
	T	Ä	B	C	H	E	N	I	I	S	E	L	E	U	A
W	Ä	R	M	E	G	T	E	S	S	A	R	K	O	F	L

b. **Steckbrief Reis**

Herkunft: China, Asien
Arten: etwa 8000, Langkorn, Rundkorn Naturreis, Duftreis
Anbaugebiete: Asien, USA, Norditalien
Aussehen: Rispe
Verwendung: Risotto, Beilage, Eintöpfe, Suppen

3 Anbau und Ernte

Aufgabe 1: **Zusammengehört in der richtigen Reihenfolge:**
1 – E, 2 – G, 3 – B, 4 – D, 5 – F, 6 – I, 7 – H, 8 – A, 9 – J, 10 – C

Aufgabe 2: So ist es richtig:
Bild C: Der Bauer pflügte das Feld.
Bild E: Das Getreide wurde gesät.
Bild B: Mit der Sense wurde das Korn geschnitten.
Bild D: Es wurde zu Garben gebunden und zum Trocknen aufgestellt.
Bild A: Dann wurde es zum Hof gefahren
Bild G: Dort wurden mit dem Dreschflegel die Körner aus den Ähren geschlagen. (Es wurde gedroschen.)
Bild F: in Säcken wurde das Getreide zur Mühle gebracht.
Bild H: Dort wurden die Körner zu Mehl gemahlen.

Aufgabe 3: Der Reihe nach: Bild 2, 4, 3, 1, 5, 6

Aufgabe 4:

der Bauer

der Müller

der Bäcker

Erforsche GETREIDE
Sachunterricht Grundschule – Bestell-Nr. 12 477
KOHL VERLAG

Lösungen

3 Anbau und Ernte

Aufgabe 5:

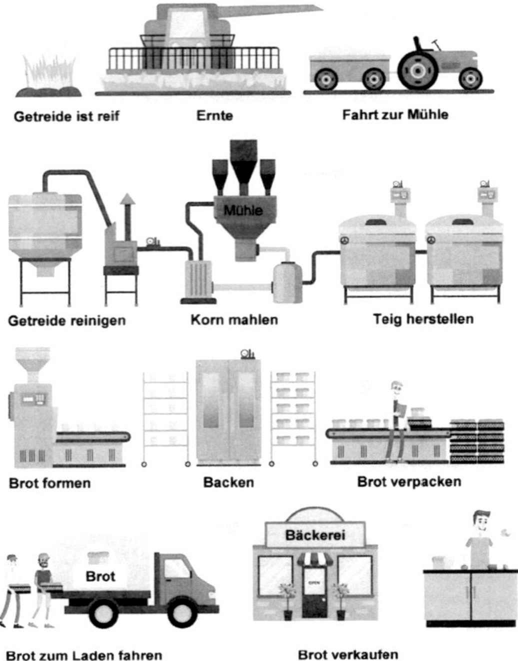

Aufgabe 6: Der Reihe nach findest du: Grieß, Spreu, Mehl, Dunst, Schrot, Graupen, Kleie, Grütze

4 Weitere Aufgaben

Aufgabe 1:

Aufgabe 2:

a. Emma mag am liebsten Gerste, Paul Hafer, Rosi Roggen und Karl Weizen.

b. Ich komme nicht aus Asien. (also kein Reis); Meine Körner wachsen nicht in einem Kolben. (kein Mais); Meine Körner bilden keine Rispe. (kein Hafer); Ich habe keine langen Grannen. (keine Gerste); Ich habe auch keine halblangen Grannen. (kein Roggen)
Die Lösung ist Weizen.

Aufgabe 3:

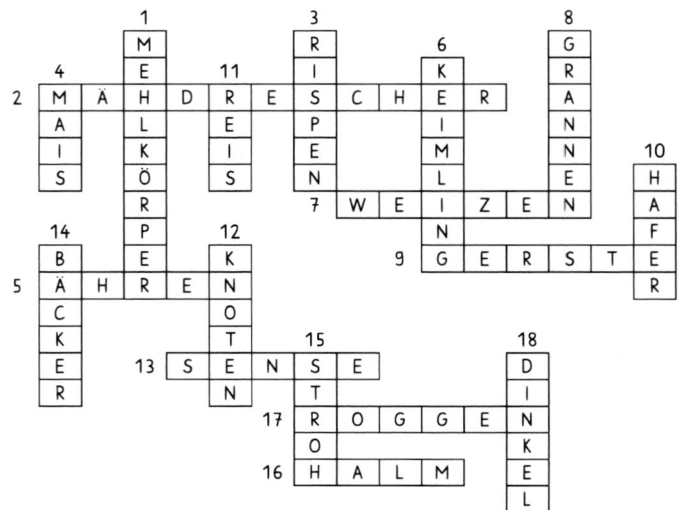